첫 이슬 담은 노을

이 도서의 국립중앙도서관 출판시도서목록(CIP)은 e-CIP 홈페이지
(http://www.nl.go.kr/ecip)에서 이용하실 수 있습니다.
(CIP 제어번호 : CIP2013000172)

첫 이슬 담은 노을

글쓴이 / 김갑숙
펴낸이 / 孫貞順
펴낸곳 / 모아드림

1판 1쇄 / 2013년 1월 22일

서울 서대문구 북아현3동 1-1278
전화 / 365-8111~2
팩시밀리 / 365-8110
E-mail / morebook@morebook.co.kr
http://www.morebook.co.kr
등록번호 / 제2-2264호(1996.10.24)

ⓒ김갑숙
ISBN 978-89-5664-159-1

* 잘못된 책은 구입하신 서점에서 바꾸어 드립니다.
* 지은이와의 협의하에 인지를 붙이지 않습니다.

값 9,000원

모아드림 기획시선 140

첫 이슬 담은 노을

김갑숙 시집

모아드림

■ 시인의 말

 언젠가부터 꿈꾸어 오던 시인의 이름을 이제야 향기 나는 꽃으로 목에 걸었다. 그토록 바라던 일을 이루고 나니 벌써 정년이 코앞에서 기다리고 있다. 세월이 유수 같다는 어른들의 말씀을 새삼 되새기게 된다.
 그 동안 꽁꽁 숨겨 두었던 글들을 모아 정년을 기념으로 시집 하나를 꾸몄다. 첫 걸음을 떼면서 무척 조심스럽고 또한 부끄럽기도 하다.
 되돌아보면 언제나 마음은 순수하기를 갈망하고 자연을 사랑하는 마음으로 살아 왔다. 살랑대는 바람에 흔들리는 풀잎을 보고도 그 가녀린 맵시가 예뻐 웃을 수 있는 마음을 사랑하며 살았다. 우리 학교는 교실에서 내다보이는 장수산이 손에 잡힐 듯 사계절이 아름답다. 계절 따라 변하는 자연의 아름다움을 보며 사람을 사랑하는 마음을 배우고 자연의 신비스러움에 행복해 했다. 겨우내 드러났던 산 능선이 봄이 시작되면 조금씩 조금씩 새 잎으로 자리를 메우며 묻혀져 간다. 교정엔 보랏빛 도라지가 지천에 깔리고 연산홍 붉은 꽃이 화단 가득하다. 한 여름엔 새소리, 매미 소리와 함께 아이들의 활기찬 함성이 살아 있음을 자각하게 만든다. 가을엔 햇살 비치는 맑고 청아한

빛깔의 단풍이 장수산 능선을 끼고 학교 교정과 함께 어우러져 한 폭의 그림이 된다.
    이 아름다운 학교가 또 하나의 친정이 되고 이곳에서 정년을 하게 됨은 하느님의 축복인가 한다.
    첫 이슬을 보면서 썼던 글들이 이제 세월이 흘러 노을 지는 시간까지 왔다. 그 마음을 또 하나의 시로 표현해 본다.

      첫 이슬 담은 노을

  시간이 흐른다

  생각 뒤 곁에 걸어 둔 추억
  날마다 내 주위를 맴 도는데

  흐르는 시간에 또 하루를 얹어 밀어내고
  색깔만 바꿔 입는다

  첫 이슬에 매화 눈 뜨고
  노을 담은 동백
  눈꽃 속에서 의연하다

  흐르는 세월의 걸작품

반들반들 길든 오솔길
아름다운 노을 따라
내 인생도 흘러간다.

글을 정리하며 새삼 지난 시간이 어제 같아 설레이기도 하였다.

첫 이슬에 담은 내 노래는 들녘의 이름 없는 별꽃이 되어 헤매이다 노을이 되어 내 귓전을 맴돌아 세월을 접으며 흘러 이제 하얀 이슬을 머리 위에 올렸다.

첫 이슬에 맺힌 그리움도 노을 지는 저녁까지 아픔과 기다림과 사랑이 공존하는 시간이 흘러야함을 깨닫는다.

묶여 있던 시간이 차라리 자유스러웠음을 이제사 실감한다.

더 깊은 시선으로 살아 있는 노래를 부르며 글과, 그림과, 여유 속으로 빠져 새 삶을 살찌워 보련다.

이 시집이 나오기 가지 애써 주신 모든 분들께 깊은 감사를 드린다. 특히 해설을 써 주신 임승천 시인님과 모아드림 사장님을 비롯하여 도움을 주신 많은 분들께 감사를 드린다.

언제부터인가 '당신 시집은 내가 내 줄거야' 하며 노래 부르던 사랑하는 남편에게 나의 첫 시집을 선물로 안겨 주고 싶다.

2013년 새해
김갑숙

차례

시인의 말

제 1부 그리움, 그 빛깔의 둘레

그리움 · 1　17
그리움 · 2　18
그리움 · 3　19
그리움 · 4　21
그리움 · 5 — 잔설이야기　22
그리움 · 6　23
그리움 · 7 — 비틀대는 걸인　24
그리움 · 8 — 수묵화의 염원　26
그리움 · 9　28
그리움 · 10 — 첫여름　30
그리움 · 11　31
그리움 · 12 — 쪽빛 그리움　32

제 2부 내 영혼의 기도

무상 35

어머니 37

영롱한 이슬 39

바람 40

축제 42

삶 — 무제 44

성숙한 여인 46

기도 · 1 48

기도 · 2 50

노을 52

우리의 목자 되소서 54

새 생명으로 태어나소서 56

제 3부 계절의 향기를 맡으며

봄소식(동시) 61

도라지 학교 63

산길 64

오월의 향기 66

뻐꾸기 둥지 67

염원 68

휴식 · 1 69

휴식 · 2 70

새로운 시작 ― 일출, 파도 72

오수 74

잊혀지는 세월 75

새날 76

길벗 78

가을 여행 80

억새밭 82

가을 84

가을 초대장 85

억새의 노래 86

가을산 88

별리 90

첫눈 92

제 4부 아름다운 추억의 발길

선운사　97

외가 가는 길　98

용문사 가는 길　100

월출산　101

변산반도　102

청평 나들이　104

주왕산 여름　106

흑산도 아침　107

흑산도 아침 바다　108

예송리 일출·1　110

예송리 일출·2　112

보길도 일몰·1　114

보길도 일몰·2　116

외금강　118

제 5부 내 마음의 바다

고향 아침 123
편지 124
고뇌 · 1 126
고뇌 · 2 128
일상 129
나목 130
침묵 132
상념 134
자화상 · 1 136
자화상 · 2 137
염원 138
저녁 산책 140
잊혀진 마음 142
노을 144
좌불기도 145
엄마 146
사모곡 147
희망 언저리 150

■ 해설
순수와 서정의 마음둘레 / 임승천 155

1부 그리움, 그 빛깔의 둘레

그리움 · 1

몸은 머물고 나래 없으되
생각은 있어
시편 주워 책갈피에 담고

새벽안개 속에서
입술 깨물고
고개 젓는 인내

날개 접힌 염원
여린 실개울로
소리 없는 정적이 된다

장미빛 옷자락
감아 안고
한 줌 나눌 수 없는
그대 하얀 미소

차가운 겨울밤 고뇌가
더욱 깊다

그리움 · 2

쏟아지는 햇살
받아 안지도 못하는
적막 속 빈 마음

먼빛으로 길어 올린
한 가닥 여명으로
가슴 앓으며 접어 온 시각에
별리를 고하고

이젠
어둠의 나락에서
발돋움할 때다

하얗게 부서지는 미소
외면으로 가장한 채
혼자의 아픔이길 고집하며

색깔 다른
나의 성을 다시 쌓는다

그리움 · 3

이슬 되어 내리는
마음 한 조각

타다 남은 촛농으로
덮힌 상흔
마른 하늘도 슬픈데

계절 돌며
토해 내는 시간이
끈끈한 아픔이다

당신으로
시작된 망각 연습

맥박은 다시 뛰고
가슴은 파문으로 가득한데

빗살 지워 내리는 안개 너머
햇살 닮은 손길 하나

이제는
온후한 사랑으로 살고 싶다

그리움 · 4

거리는 온통
비와 바람

한 뼘 틈도 없이
채워진 숨가쁜 일상
한숨 길게 물고
종일 당신을 앓았지만

겨울아침 우물
그 시린 가슴처럼
그렇게
당신을 잊어야 되겠지요

하지만
지금은

오직
당신의 사랑이
그리울 뿐입니다

그리움 · 5
— 잔설 이야기

고즈넉한 저녁
나의 빈 공간에 침묵이 있을 때
그는 나와 한 마음

허공만 맴돌다
사라지려는 여운을
내 가슴까지
이어보고 싶음이여

그는 나의 울타리를 벗어나고
나는 그를 위해 내어줄
한 뼘 조각 마음도 없이
고독한 매듭 뿐

소리로도 전할 수 없고
마음으론 더욱 어려운
우리의 인연

엇갈림 속에서만 자란
잔설 이야기가 되려나

그리움 · 6

영롱한 가지 끝
햇살이고 싶어라

함께 있어도
외줄 긋기 연습

바람도 염원도
속절없는 사연

지친 날개 걸쳐 줄
빈 가지 하나 없나 나에겐

이 아침 햇살이고 싶다

조그만 가지 끝에
머리 기대고 쉴 수 있는
한 줄기 햇살

그리움 · 7
― 비틀대는 걸인

쓸쓸한 냄새 내려앉은
어깨 위로
가을이 온다

삶을 향한 외침보다
더 깊은
우물 속 같은 두려움으로
하루가 잦아들고

가슴 깊이 각인 된
슬픔의 조각

잠시
난
비틀거리는 걸인 되어
흩날리는 꽃 이파리의
생애를 배운다

못다 채운 빈 공간에
사랑 가득 담아
그 속에서
따뜻하게 잠들고 싶다

그리움 · 8
― 수묵화의 염원

잊은 듯하다
다시 생각나는
못내 잊히지 않는

그리움 한 올로 엮어 만든
엽서 한 장

주소 없는 편지
서러움만큼이나 빈 마음
마른 가지에 걸려 서걱대고

나는 쉴 곳 잃어
잿빛 수묵화의 안개 속으로
빠져 듭니다

거친 바람 거친 거리
나를 위해 내어줄
한 뼘의 여유도 목말라

이 아침
나는
한없이
한없이 추워집니다

그리움 · 9

미명으로 열리는 새벽의 끝
접혀 있던 그대 모습
수묵화 화폭 속에서 나래 쳐 오른다

되울지 않는 메아리로
산 여울 떨고
뇌일 수 없는 슬픔으로
가슴앓이 심한데

오열하는 오월은
풋 여름 속에서도
성숙하는가

낮고 작은 소망 하나로
다시 태어나고 싶어라

찬란한 햇살 밟고
그대 오시는 날

신록으로 몸 단장하고

하얀 모시적삼
정갈하게 차려 입고
버선발로 달려 가
그리운 그대 품에 안기어 보고 싶다

그리움 · 10
— 첫 여름

떨어지는 어둠 몰래
해조음에 취했다가
어깨 잡고 흔드는 바람의 손길

소스라친 몸짓으로
첫 여름을 잉태한다

그대 보고 싶은 마음
낮은 하늘 낮달 되어
이울 줄도 모르고

침묵만 갈무리하는
나의 시간

더는 벗을 것도 없는 오늘
채워지지 않는 높은 잔에
그리움 가득 채운다

그리움 · 11

돌이킬 수 없는 세월
묵향에 실어
한 나절 햇빛 속에 말린다

돌아누운 그대 마음에
짙은 꽃물로 남고파
가슴 가득
생채기 쓸어내리는 염원

차가운 거울 속에
노출 된 기침

옷섶에 떨어진 하늘 한 조각
가슴에 담고 시간을 헨다

사위지도 않는 그리움 끝을 따라
젖은 저녁놀이 내린다
내 마음 위로

그리움 · 12
― 쪽빛 그리움

오월
녹음은 성숙하고
대지는 푸르름 속에 잠겼다

한나절 조용한 보도 위로
싱그러운 바람이 뒹구는데
내 가슴엔
쪽빛 닮은
그리움 하나 자란다

언제부터인가
잃어버린 나의 시어詩語들

마음 깊은 곳에서
하나 둘 길어 올려

그대 계신 문 앞으로
띄어 볼까나

2부 내 영혼의 기도

무상

하늘 끝에서
낙엽 되어 떨어지는
나의 언어들

무상
망각
사랑……

오늘은
발끝에 와 감기는
햇살 한 조각 밟고 서서
생각 속으로 빠져 듭니다

젖은 가슴 깊은 곳에 흐르는
잔잔한 기쁨은
없는 듯 묻어 두렵니다
먼 훗날의
잔치를 위해서

꽁꽁 언 새벽달 추위를
내 작은 날개로
아름드리 보듬어 안고
눈 내리는 흰 길을 가고 싶습니다

풍요로운 마음이 있을 때
풍요로운 사랑과 함께……

어머니

장미향기 그윽한 오월
자애로운 당신 품
향기로 가득

실바람에 떠도는
우리의 삶

당신 향한 제 마음
간절하고 간절해
두 손 가득 모은 기도

희망이 꼼지락대는
새 봄도 외면하고

민들레 씨앗
흩날리는 이유마저도
침묵 속에 쟁여 놓고
살아 온 시간

바스락대는 마음으로
나락에 곤두박질하는
나의 일상

어머니
제 마음을 다독여주십시오
따뜻한 당신의
가슴으로

영롱한 이슬

풀섶에 맺힌 이슬처럼
맑은 나이고 싶다

차곡차곡
커지어 쌓은 그리움 조각들
불사를 그 날을 인내하며

타는 가슴 안고
억겁을 견디어 온 바위처럼

기인 터널 속 지나는 마음으로
그렇게
침묵하며
세월의 이불 갈아 덮으면

난

언젠가
이슬이 되어 있겠지
영롱한 풀섶의 이슬이

바람

어질고 순하신 성모님
당신 앞에서만은
언제나
빈 마음이고 싶습니다

지순하신 그 사랑으로
파문처럼 일그러지는
저의 가슴을 보듬어 주소서

놓아 버리고 싶던
삶의 벼랑 끝에서
이제야
당신의 온유한
사랑을 느낍니다

소복으로 단장한
한조각 염원
오직

당신께 매달려
끝없이
기도드립니다

하늘, 땅, 끝닿는 곳 없어도
목마른 영혼을
단비로 적셔 주옵소서

하나로 모든
간절한 손길 위로

축배

우리 함께
새벽을 나누자

햇살 타래 풀어낸
실 빛 한 조각으로
어둠 밝혀

지금은 조용히
눈을 감을 때이다

발길에 채이는
낙엽의 진한 체념을
너는 눈치 챘는가

창조되는 새 삶은
이슬에 젖어
드디어
가쁜 숨 토해낸다

이제
낯설지 않은 서광을 위해
함께 축배를 들자

찬란한 이 아침
새날을 위해

삶
— 무제

마알갛게 거울 닦아
그 속에
영롱한 비눗방울 불어
하늘로 날리고

첫 이슬 닮은
당신 웃음소리
기억에서 훔쳐 내
시간 아끼며 살고 싶습니다

티 없이 닦은 마음
사랑에 깍지 끼워
물이 되고 싶습니다
나는

성에 끼인 창에
입김으로 만든 바람
손으로 감싸 안고

사위는 노을 따라
그냥
그렇게 살고 싶습니다

성숙한 여인

나의 열정 쌓인 곳에
아이들 조잘거림
메아리 되어 날리고

나의 손길 스친 곳에
삶의 의미 묻어나온다

낙엽 부서지는 소리
귓전 스칠 때

풀섶에 앉은 생각
퇴색한 바람의 뒷모습으로
머뭇거리다 흩어진다

이제사
난
상처 핥아 자각하는
성숙한 여인 되어

바람 몰리는 낯선 곳으로
떠날 채비 마치고
추위 타는 본래 모습으로
되돌아간다

이제는
먼 길을 떠나야할 때이다

기도 · 1

몸이 타는 아픔으로
다시 태어나게 하소서

떨어지는 이파리의
절규는
여인의 마음입니다

이제
바람도 기쁨도
누리 채우는 향기 되어

먼빛으로도
목마른 나의 가슴을
당신으로 빛나는
사랑이게 하소서

예전엔 그것이

무엇인지 몰랐어도
지금은
향기로 피어올라

십오 단 묵주에
염원으로 묶어
계절의 끝을 찾아
매듭 매듭 풀으오리다

내 간절한 소망과 함께

기도 · 2

솔빛 바람 드러누운
산기슭 낮은 골에

밤새 토해놓은
목마른 조각 글들

가슴에 불씨로 지펴
그리움 되어 타 오른다

청청 맑은 하늘
눈빛 속에 젖어들고

묵주로 엮은
숨 죽인 기도
소리 없는 목울음으로
한줌 재로 날린다

진초록 화폭 속에
숨겨 둔 바람 한 조각

염원으로 되살아나
하염없이 떠도는데……

오늘도
난
한 나절을 돌아앉아서 운다

노을

숨 죽여 바다 재우는
해거름 노을

외로움에 지친 나의 영혼
금빛 물살에 실어
노을 속에 누웠소

언제
하늘이 잿빛이었나
감히
입으로는 말 못하는
이 숱한 언어, 언어들……

내
생의 어디메서 그 매듭 풀어
그대 가슴까지 이어 가리오

안개비 속살 적시며

소리 없이 내리는 날

영원히 죽지 않을 그리움 안고
마른 꽃이 되어도

당신은
나의 영원한 사랑입니다

우리의 목자 되소서

소리 없는 미소 속에
기도를 품고
기척 없는 침묵으로
사랑을 나누며

순명으로 백의를 감싸 안으시고
젊음의 시간을 꿰어
온통
주님께 바치시고
뿌리 깊은 나무 되어
머무셨나이다

가슴 아리는 선한 눈빛으로
자신을 다스리며

하느님 사랑으로
빈 마음 채우고

가슴 가득 퍼지는 부활로
다시 태어나
우리들의 목자 되셨나이다

가시덤불 어우러진
거친 땅 위에
기도와 땀으로 터를 닦아
영성의 안식처 마련하시고

우리들의 영혼을
맑게 헹구어 내셨습니다
영원을 하루같이 사시옵소서
사랑 많으신 임이여

새 생명으로 태어나소서

태초에 앓던
인고의 여명으로
참사랑을 받히어 내신 분

침묵의 바다에서
영원을 길어내어
이제는
비상을 준비하는
한 마리 학이 되어
새 생명을 잉태하는
희망이 되소서

지극히
온유하신 이여

억겁의 세월이 바뀌어도
흔들리지 않을
뿌리 깊은 나무로 서서

심연 속에 불꽃 되어
쉼 없이
타오르소서

어지신 성품으로
향기로운 음향으로

가슴 가득
젖은 물빛으로
스미시옵소서

순명으로
백의를 여미시고
주님의 지고하신 뜻을 따르시어

참사랑에 입 맞추고
참 진리에 소리 없는 부활로
영원히 영원히 남으시옵소서

3부 계절의 향기를 맡으며

봄소식(동시)

똑, 똑, 똑
누가 왔나 봐요

살며시
고개 내밀어 보니
은구슬 옥구슬이
봄소식을 실어 왔어요

똑, 똑, 똑
누가 왔나 봐요

살며시
손 내밀어 보니
하늘에서 보내 온
물방울 편지였어요

톡, 톡, 톡
누가 왔나 봐요

스믈스믈
꼼지락대는 땅의 귓속말

쏘옥
젖은 흙 뚫고 내민
작은 손
새싹이 왔어요

도라지 학교

이른 아침
장수산 산까치 울음소리
나뭇잎에 부딪히면

폴짝 폴짝 넘기는 줄넘기 소리에
부스스 학교가 잠에서 깨어난다

뒷마당 도라지꽃 어우러져
파란하늘에
바람 되어 날리면
아이들 꿈이 영글고

교정 가득
단풍이 내려 앉아
낙엽 냄새 물들면

재잘재잘
개구쟁이들
마음이 자란다, 키가 자란다.

산길

길 아닌 길 따라
비 내린 산 올랐더니
오솔길마다
아카시아 꽃눈이 내려 있었다

까맣게 젖은 나무 등걸 뒤로
숲이 숨고 나무가 숨으며
수줍은 듯 앞으로만 내달리는데

한걸음 먼저 온
이름 모를 산새 한 마리
고즈넉한 저녁을
물어오고 있었다

숲 냄새에 빠져
숲속에 생각을 던지고
함께 어우러진 마음이
노래되어 흐르는 때

우리의 마음도 우리의 사랑도
숲속에 난 외길 따라
하나가 된다

오월의 향기

함초롬히 열려 있는
오월의 향기
들꽃 사이에 숨었다

산은 온통 연둣빛 도화지
햇살 가득 봄 소리 들러 업고
기지개 컨다

아카시아 하얀 언덕
쏟아지는 미소
꽃내음 가득 꽃비의 생각

잊어버린 유년의 향기
끝없이 걷는 내 젊은 오월

뻐꾸기 둥지

늦봄

상큼한 풋바람이
산을 채운다

애잔한
산사 풍경소리
기도하는 여인의 마음

한나절 나른함에
풀벌레 소리 묻히고
계곡엔 고요가 가득 찬다

난
한 순간
산과 하나가 된다

염원

녹음 속 유월
맑은 샘물 길어내고

산그늘에 내린
아카시아 시편 조각
계절 갈아입고
한나절을 뒹군다

목마른 기다림
잔기침 속에 잦고
제 몸 살라 타오르는 아픔
낮달은 외롭다

하얀 향기 간직한
한 점 바람 되어 날고 싶다
저 푸른 하늘로

휴식 · 1

녹음 배인 뜨락
새소리 떨어지는
고즈넉한 오후

계곡 속에 한 자락
통나무집 아래
저녁노을 비껴 간 흔적

철쭉은 만발하고
물길은 조용한데

첫 여름은
근육질의 나상裸相과 함께
자연에 녹아 있다

바알간 가로등 아래서
오랫동안 잊었던
나의 노래를 되찾는다
마음을 되찾는다

휴식 · 2

늦은 저녁이 옷을 벗었다

햇살이 던져 놓은
은빛 해싸라기
바닷가 언저리서 눈부시고

가을이 몰고 온
온통 누런 들판으로
바닷바람이 분다

억새는 예쁜 오솔길 하나 만들어
나의
온몸을 황홀하게 한다

길섶에 줄지어 선
칸나의 꽃잎
지친 객을 반기는 양
빠알갛게 타오르는데

스잔해지는 내 마음
아는지 모르는지

곱게 누운 향나무 사이로
늦가을 바람 한 점
한가로이 뒹군다

새로운 시작
— 일출, 파도

솔밭
바람 찬 아침

붉은 물감 풀어
해 맞을 준비에 바쁜
새벽을 이고 섰다.

먼 수평선에 시간 맡기고
자그락
자그락
해변 떠나는
파도 소리 슬프다

넘치는 열정
해두리에 가득 담아
햇길 따라 나온
동그란 해줄기

눈부신 광채로

오만한 자세로
근접할 수 없는 위엄을 보인다

포구의 아침을 가르는
뗏마의 힘찬 기동

이제
다시 시작이다

오수

토담 너머 접시꽃
담장 안 기웃대고
처마 끝 그림자
댓돌 아래 누웠다

마당엔 고요가 졸고
미풍 없이 조용한데

빠알간 연지 바른
목 백일홍 가지 끝에
하늘이 걸터 앉는다

꽃밭 한 켠 수국이
수줍게 미소 지으면
모두 하나 되어
하늘 마주하고 더위를 식힌다

잠시
한나절 오수가 뜰 안 가득하다

잊혀지는 세월

포도 위에 떨어진
가을이
서걱대는 바람과 함께 뒹군다

하나 둘
희어지는 머리카락에
연륜이 쌓이는데

맑게 채색된
가로수 잎들은
곱기도 하다

무심한 마음에
스잔한 바람 일어
나락으로 빠져 드는데

가을은
지난 시간까지 물들이며
또 하나의 세월을 접으려 한다

새 날

고운 빛깔인 채 떨어지는
낙엽의 침묵
철 드려나
이 가을밤에

엉긴 실타래
매듭 풀 듯
젊음도 한 때라 자각한다

짙어지는 어둠에
몸을 맡기고
잠시
생각을 놓는다

가로등 불빛
그림자 속으로
때 묻은 죄의식 잦아들고

나의 의식
투명한 맑음으로
다시 태어난다
새 날을 기약하며.

길벗

회색도시 벗어난
오후

청량한 산수에 녹은
가을 하나가
강화에서 숨을 쉬고 있다

갈대 속에 묻힌
갯가의 오솔길
길 잃은 낯 새 한 마리
솟대 위로 날아오른다

길가에 줄지어 선
코스모스 꽃길 위로
하릴없는
햇살 한 조각 떨어진다

늦가을 누런 들판

퍼덕대는 대하로 여유로운데
문득
따뜻한 그대의 몸짓이 그립다

가을 여행

가을산 허리 깊게 감은
아침 안개 짙고

이슬 내린 들녘
코스모스 요염하다

누런 들판은
계절 잃은 도시인 외면하고
풍요로운데

한 점 갈바람에
파문되어 자박이는 물결
높푸른 하늘과 함께
멈추는 호흡

잠시
그대 향한 그리움에
한기를 느끼고

땅으로 잦아든다

해미읍성 끝자락
배롱나무 꽃 흐드러져
길손 부르는 날

가을이 내민 손잡고
우리 함께
단풍에 멱 감아보자

억새밭

가을의 끝을 잡은
은빛 물결의 함성
굽이굽이 빈산을 메운다

눈 감으면 떠오르는
슬픈 웃음 닮은
산 여울의
억새들

제멋대로 흔들리는 몸짓이
마치도
내 젊은 날의 열정을 닮았다

청량한 하늘
계곡물에 녹아 흐르면

나는
쓰다 버린 파지 주워

구긴 자국 쓸어 내고
다시 글자들을 맞춘다

기억 속으로 사라지려는
나의 슬픈 상념

오늘도
긴
산 그림자 속에
또 다시
고개 숙여 숨어든다

가을

가을이 산을 타고
살금살금 내려 왔다

느티나무 가지 끝에서
잠시 숨 고르더니
앉았던 자리에
울긋불긋 오색 빛 색깔을 남기고

지금
막
내 창 넘어
한 발짝 발을 들여 놓았다

맑고 아름다운 빛깔이
손에 잡힌다

내 마음도
어느덧 가을이 되었다

가을 초대장

쪽빛 하늘이 가을을 품었다.

햇살 먹은 단풍
시린 물속인 듯 맑고
흐드러진 구절초 춤사위 화려하다

낙엽이 보내 온 초대장
은빛 갈대 눈부시고
단풍으로 치장한 산마루가 술렁인다

바람 따라 떨어지는
벌레 먹은 잎새 하나
그마저도 형형색색

쪽빛 하늘 아래
가을 잔치 푸짐하다

억새의 노래

가파른 비탈길 올라 서 보니
숨 고르라 펼쳐진
억새 풀밭

키 자란 억새풀에
온몸을 맡기고
머언 눈빛 들어
허공에 한 점 시간을 찍는데

댓잎 속에 숨었던
바람 한 줄기
내 등을 토닥이며
위로의 손짓을 보내옵니다

한 발짝 다가서기 그리도 힘들어
억겁의 세월을
마주하며 선
바위들의 군상을 올려다보며

그 마음이 내 마음인 듯하여
나는
지금
새삼 그대가 그립습니다

가을산

숲 헤치고 안개비 가르며
젖은 머리카락 걷어 올리니
산의 중턱
숨이 턱까지 찼다

하산하는 산객의
'다 왔습니다'
인사말 한 마디
그 사이로 빗방울 하나가 떨어졌다

문득
산사람의
따뜻함이 만져진다

숨 고르며 올라 선
능선의 갈림길
봉우리들의 향연

촉촉이 젖어오는 옷깃 여미며
산 아래 계곡에 눈 맞추어도
온통
짙은 안개만 오갈 뿐……

잠시
난
산사람이 되었다

별리

가을이 이별을 알리고
겨울을 맞는 날

숲은 깊은 산의 무게로
온 몸을 채운다

시간 속에 쪼개 넣은 여유로
마음은 유영을 시작하고

눈앞에 떨어지는 낙엽 하나
배꼽 내민 생각
계곡 속에 빠진다

조용한 오솔길
낙엽 내음 한가로운데

뒤따라 온 발자국 사이로
체념이 밟힌다

소리도 없이

가을이 이별을 알리고 있다

첫눈

먼지 묻은 일상 닦아내고
도시 소음도 걷어내며
그렇게
회색 도시 위로
첫눈이 왔습니다

아린 생채기 덮어 주고
슬픈 눈빛 위로 해 주며
하염없이
그렇게
눈꽃을 피워냈습니다

모퉁이길
가로등 밑
못다 스러진 가을 잔해가
벌거벗은 나와 함께
차가운 겨울을 맞습니다

삭정이 끝에 매달린
햇살조각 하나가
청보라 이끼 덮고 누운
산 그림자보다
더 슬퍼 보입니다

이것이 삶입니다

4부 아름다운 추억의 발길

선운사

천둥소리 잦더니
한 줄기 소나기 지나고
젖은 길 따라
빗물 가득 머금은 나리꽃 수줍게 웃는다

물안개 피는 계곡
무지개다리
살며시
여름을 숨긴다

젖은 산길
젖은 생각
숨바꼭질하는 상념

풍경 소리에 묻힌
빗방울
비 젖은 선운사는 아무 말이 없다

외가 가는 길

비에 젖은 풀냄새
온몸에 스며들면
어릴 적 외가가 생각난다

강아지풀 덤불 속
별꽃 사이로
꼬불꼬불
외갓집 가는 길이 있다

논두렁 벼 이삭 고개 숙이고
메뚜기 숨바꼭질 잦아지면
봇도랑 미꾸리 살찌는 소리

높푸른 하늘 여유 속에
낟알은 웃고
풍요 가득 넘치는 길

발끝에 채이는 물 차올리며

징검다리 건널 때

귓전 기적소리 멀어지고
따스한 외갓집 냄새
오늘도 마중 나온다

용문사 가는 길

산그늘 오솔길
조그만 물길 따라
가을이 흐른다

숨죽인 풍경 소리
하늘에 잠기면
고추잠자리 높푸른 하늘에 난다

바람 녹여 물든
단풍으로
이천 년을 지켜 온
은행나무

스님의 불경 소리
가슴에 쌓이고
재잘대는 새 소리
발자국에 묻힌다

월출산

계곡을 하나로 이은
오솔길 따라
아침 산을 오릅니다

차츰
가까워지는 하늘을 느끼며
산바람 한아름 받아 안고
낙엽 밟는 소리 따라
산을 오릅니다

동백이 이웃되고
솔과 하나 되어
길 따라 흐르는데

능선 타고 막 고개 넘은
햇살 한 줄기
조용한 계곡에
아침 문을 엽니다

변산반도

갈대 흔들리는 들녘
갈 까마귀
떼 지어 날아오르고
추수 끝난 빈들엔
이삭 타는 냄새가 한가롭습니다

벼 벤 그루터기 이랑 타고
늦가을 찬바람이
볼 부비고 지나니
은빛 부서지는 해변입니다

세월의 연륜 켜켜이 쌓아 안은
채석강 적벽

거대한 바다의 거친 몸짓으로
제 몸 사리고
객의 방문을 온 몸으로 거부합니다

차가운 바닷바람
옷섶 헤치며 안겨오는데
그리운 그대 모습은 멀기만 합니다

청평 나들이

두 물 만나 하나 되는
양수리

남한강 물 자락
햇살 가르고
가을을 실어 나른다

스물대는 실바람
갈대숲에 숨어서
한숨 녹은 내 마음
훔쳐본다

산그늘 언저리에
여유로움 졸고

그 속에 잠긴 나는
당신을 앓으며
무심한 시간 엮어

키 낮은 유람선에 실어 보낸다

하릴없는 앙금
흔적 없이 털어내고

둘이 하나 되는
간절한 기도

양수리 닮은 또 하나의 나

주왕산 여름

복잡한 일상 떨쳐내고
느티나무 그늘에
발 담그니
여름이 자란다

신초록 물감 온몸에 칠하고
수줍게
폭포 속에 잠긴 녹음

턱에 찬 숨소리 토해 내며
솔숲 오르니
하나 된 계곡물은
전라의 모습으로 낙차를 시작한다

물속 산그늘에서
명치 끝 서늘한 첫 여름을 만난다

이것이
주왕산의 속내이다

흑산도 아침

산자락에 숨은 햇살
파도를 타고

부표 위에 떠도는 물비늘
어제의 허물 벗고
기지개 켠다

굽이굽이 말굽 길 위에
갯내음 가득한 아침이 열린다

발끝에 밟히는
햇살 차올리면

이슬 먹은 들국화
다소곳이 새벽 첫길을 연다

흑산도 아침 바다

아침 해
여명으로
산 그림자 걷어 내고

잠든 바다 깨우며
새날 만들 채비에 부산합니다

잿빛 구름
허리에 두르고
동서남북 아우르며

하늘 바다에
온통
붉은 채색 마치고

눈썹 닮은 얼굴을
조금씩 드러냅니다

해오름에 때 맞춘 갈매기
유영을 시작하고
갯내음은 코끝에서
여유롭습니다

미처 이울지도 못한
새벽달은
무슨 미련 있어
서쪽 하늘 언저리서
서성대는지…

예송리 일출 · 1

예송리 솔밭에
아침 바람 찬데

새벽은 물감 풀어
하늘을 아우르고
한 뼘씩 넓히며
바다를 물들인다

지난 밤
밤새 울던 파도는
스러져 밀려갔다 다시 와서

세상 이야기
한 웅큼 더 쥐고
아쉬운 발걸음을 떼어 놓는다

자그락 자그락 자그르르
자그락 자그락 자그르르

아쉬움도 미련도
조약돌에 얹어서
모두 하나 되어 되돌아간다

온통
기다림으로 채워진
새벽 해변

해는
내 마음 헤아려
천천히 제 모습을 드러낸다

이제 또 새날이다

예송리 일출 · 2

가까운 듯 먼 수평선 위로
해 끝이 살짝 보이나 싶더니
어느새
그 곳에 뿌리를 내립니다

넘치는 열정
해두리에 가득 담아
그 빛 한줄기
성큼 해변으로 내달아 왔습니다

순간,
찬바람에 멱 감은 발끝에 올라
온몸 휘감으며
나를 빨아들입니다.

전신에 환희가 밀려옵니다
가슴이 뜨거워집니다

동그란 알몸으로
눈빛 마주 받으며
지난 밤
바다 저 편 이야기를 들려줍니다

짧은 만남도
잠시
하나 되었던 눈빛 마져 거두고
오만한 자태로 광채 삼키며
근접할 수 없는 위엄을 내보입니다

눈부시게 펼쳐진
햇길 위로
포구의 아침을 가르며
힘찬 기동 시작하는 뗏마 한 척

이제
다시 시작입니다

보길도의 일몰 · 1

하늘이 수런댄다

주황, 보라, 빨강, 노랑이 어우러져
움직임이 부산터니
기인 띠 둘러

저녁 포구를 감싸 안고
수평선 따라
낮은 듯 넓게 채색을 시작한다.

순간

해 자리서 내 발끝까지
햇길이 열렸다.

눈앞에 부서지는 파도는
금싸라기 머리에 쓰고
쉼 없이 뒤척이는데

등 밀려 다가 온 포말은
소를 끼고 돌며

부끄러움 감추고 흩어진다

눈빛마저 거부하던 태양
제 속살 태워
진주홍 물빛 가득 채워
드디어
본래의 제 모습을 드러낸다

다정하게
온 몸을 허용하는가 싶더니
어느새
햇길 거둘 채비를 한다.

젖은 모래톱에서
양식장 부표 뒤에서
잘게 부서지는 파도 사이서
머뭇대며 서성이는 햇살 조각들

어르고 달래며
조금씩
조금씩 거두어 들인다

보길도 일몰 · 2

때 늦게 그물 올린
조각배 하나
햇길
가로질러 바쁜 듯 지나가고

날개 쉬던 포구의 갈매기 떼
지는 해 배웅하며
나래 쳐 오른다

잿빛구름 목에 걸고
보랏빛 주황빛 띠도 거두고
석양에 넋 놓은
내 마음도 함께 쓸어서

해는
그렇게
해자리 속으로 모습을 감추었다

스믈스믈 땅거미 내리기 시작하는
땅끝에 서서

여운만 남은 해의 형상 잡고
때늦은 후회에 빠져 들다가

포구로 되돌아 펼쳐지는
갈매기 떼 군무 보며
새롭게 시작 될
내일이 있음을 깨닫는다

이것이 삶이다
이것이 연륜이다

외금강

쭉쭉 뻗은 자태
여인네 몸매 같은
미인송 솔숲 지나

모란각, 옥류동
구름다리 꽃 다리 건너
산 내음 물 내음 맡으며
하늘 이고 오르니

여기가
금강산
금강문을 만났다

어느 도공이
저리도 정교하게 바위를 빚었을까

하나 위에
또 하나
그 위에 또 얹어서

웅장하고 부드러운 모습
그지없이 오묘하여라

속살 내비치는
옥수는
바위를 거세게 감싸 안고
계곡을 휘돌아 흘러내린다

물속에 하늘이 있고
하늘 속에 계곡이 새겨진
이곳이
정녕
금강산이련가

물 맑은 옥류동
굽이돌아
삼록수 한 모금

마른 목 축이고
구룡폭포 들러 상팔담에 오르니

운해는 말없이 산을 감싸고
쏟아지는 물줄기
계곡 속으로 빠져든다

상큼한 솔향기
산그늘에 숨고
따뜻한 고향이
굴렁 다리에 걸려

오가는 이
옷소매 붙잡고
금강산을 얘기한다

여기가
내 조국, 내 나라이다

5부 내 마음의 바다

고향 아침

고향에선
아침 냄새로 눈을 뜬다

풀향에 젖은 이슬 냄새
코끝 스며들며
달콤한
아침잠을 깨운다

뜰안을 감아 도는
메케한 연기
못다 걷힌 안개와 어우러져
햇살 속에 숨어들 때

고요하고
촉촉한

고향의 아침이 열린다
시골 마당에서

편지

햇살이 떨어진다
하얗게 밝혀 논 간 밤 빈자리로

전깃줄 울리던 바람은
기적 소리에 묻혀가고
난, 여기 이렇게 남아 있다

구겨진 파지 위에
눈빛으로도 볼 수 없는
그대 마음 위에

붉게 사위는 노을
그리움의 향기로 남고

반짝이는 물비늘 하나로
강심에 떠 있음을
그날은 미처 몰랐어라

첫 새벽
감잎에 떨구고 간
까치 울음 하나 주워
키 자란 그리움 구절구절 엮어서
풋여름 녹음 속에 띄워 볼까나

고뇌 · 1

오롯이 홀로 타서
밤을 새워 앓았나

하얀 빛 자리
달무리 되도록
쏟아놓은
갈피 없는 이야기들

이제는 세월이
물 흐르듯 흘러도
영원을 아낄 줄 아는
촛불 하나로 남고픔을

도도한 자세로
진실 함께 태워도

우린 생채기만 쓰린
말을 잃은 영혼들

훗날
바람 머뭇거리는
비인 거리에서

가슴 가득 사랑을 안고
짧은 듯 기인
해후의 시간을 맞자

우리 둘이서

고뇌 · 2

남해 바다
한 아름 안고 누운
아름드리 해송

하염없이 오가는
파도 소리에
기다림 함께 얹어
한나절이 외롭다

비좁은 바위에 몸 맡기고
미동도 없이
저리도 슬픈 모습 되었는가

지워지지 않는
나의 고뇌
저 해송보다
더하지도
덜하지도 않구나

일상

공간 메운 시간은
낮잠을 자고

부대끼다 지친 일상은
겁쟁이의 탈을 벗는다

시간 속 여유 빌려
조는 가로등
그 속에서 밤이 자란다

해묵은 갈증
다림질해 널고

조용히 하루를 접는다
따스한 마음으로

나목

그늘 짙은
강물 속에
푸른 여름 내다 걸고

나는
그림자 목에 감고
하얀 나목으로 섰다

빈 하늘에서
적막 씻어 내듯
외길로만 자란 그리움

강심에 흩뿌리며
하루를 야윈다

차가운 미소도
아픈 마음도
소리 나지 않는

깊은 침묵까지도

노을 빛 사루는
여운으로 남아서
긴 긴 밤을 맞고 싶다

침묵

세월 접어 앓던 애환
물보라로 흩뿌리고

지친 날개 깃 내린
빈 하늘 적막 속에
가슴은 끝없는 오한으로
열병을 앓는다

그대의 깊은 한 숨
낮은 음향으로 남아서
늘상 시린 눈 빛 되어
아픔으로 머무는데……

심야에 날리는 고적孤寂은
가슴에 쌓인다

떨리는 침묵으로 지키는
창백한 나의 일상

그래서
더욱 애처롭다

이루어지지 않는 나의 염원

상념 · 1

끈끈한 삶의 흔적들이
숨 쉬고 있는 갯벌

단풍 든 산자락과 함께
하루 여미는 수평선과 마주 섰다

포구 따라 둘러 선
단애斷崖의 세월 깊은 아름다움에 취해

어둠 내리는 바다 보며
파도의 이야기 듣는다

파도는 깊은 바다 소리
모아 와서
달빛 젖은 모래 위에
묻고 간다

한 발짝 다가서면

두 발짝 물러나고

한 발짝 물러나면
두 발짝 다가서서

온 몸을 적시고
달아나는
채석강의 밤 파도

어둠 내린 바다
되새김질 시작할 때

철썩이는 파도 속에
행여 실려 올까
그대 목소리

귀 기울여 기다린다
침묵 속에 날이 저문다

자화상 · 1

당신에게서는
따사로운 사랑의 향기가 납니다

여린 듯 강인하고
강인한 듯 여린
당신은
하늘 닮은 그리움입니다

빈 가슴에 그리움 채우고
깊은 입맞춤에
눈물 떨구는

당신은
없는 듯 향기 나는
들녘의 풀꽃입니다

자화상 · 2

언제나
숨어서 향기롭고
멀어서 그리운
솔향기 나는 여인입니다

하지만……

가슴 데우는
사랑의 불씨 안고
열려진 적삼
옷섶 여미며

오늘도
찬바람 이는 문 밖에서
기척 없는 길목으로
해바라기하는
당신

아직도
내 삶은 그리움입니다

염원

차가운
초록 물에 손끝 적시며
물안개 헤치고 일어나는
아침을 맞습니다

먼 산 눈꽃
빗살 지워
눈앞에 쏟아져 내리고

알싸한 겨울바람
뱃머리 돌아 돌며
청록빛 강물에 빠져 듭니다

파문마다 번지는
햇살 닮은 그대 미소

그 따스함으로
얼었던 가슴 녹여낸 갈망

한 천 년 끝자락에 서서
물보라 멀어지는
하얀 포말에 묶어

손수건 흔들며 날려 보냅니다
빛바랜 나의 염원들

저녁 산책

수런대는 나래로 춤사위 만들며
해는
기인 강줄기와 하나 된다

허리띠 동그랗게 두르고
놀 속에 떨어지며
잠시 머문 자리에
수묵화 한 폭 쳐 낸다

한낮의 소음도 졸리운
도시의 빌딩
땅거미 속으로 자취 감추다
까만 판화로 되살아나

눈뜨기 시작하는
네온과 함께
현란한 밤을 준비한다

두런대는 어둠과
내민 손 붙잡고
밤은 오롯이 혼자가 된다

잊혀진 마음

저녁 햇살
노을 길게 끌고
오색 빛으로 바다를 채웠습니다

그 빛살 하나
그리움으로 일어나
잊혀진 내 사랑을 일깨웁니다

하늘은
산 너머 고개 너머
남보라빛 병풍 되어
수평선 채우고

잔잔한 바다를
품속에 안았습니다

예전에
내가 그러했듯이

지금
하늘도 그렇습니다

바다 속 솔이 살아
산 그림자
더욱 아름다운데

그대의 대가 없는
사랑이
무작정 그립습니다

노을

바다로 빠져드는
낙조의 빨간 빛 무리

바다 가로질러
내 깊은
내면으로 들어 와 앉았다

노을 속엔
희망의 풍선 부는
낯선 내가 산다

아 —

내일이면
내게도
낯설지 않은 사랑이 찾아오려나
새날이 오려나

좌불 기도

고요가 자리한
속리산 한 가운데

염원이 향으로 피어올라
청동 좌불상의
자애로운 미소로 되살아난다

하릴없는 미풍에
처마 밑 풍경 소리
오솔길에 깔려
솔숲을 헤메인다

대웅전 처마 끝 햇살로 여유롭고
산자락도 잠시 숨을 고르는데

내 마음 고적은
숨을 곳조차 없구나

엄마

사각대는 베개 홑청 속엔
어린 시절 내가 산다

그 베개 베고 누우면
엄마의 구성진
노래 들린다

풀 먹은 엄마 손끝 바쁘고
빨간 숯다리미 구김살 날리면

스르르 잠드는 마룻바닥엔
옛날이 부스스 졸음 털고 일어난다

홑이불 사각 사각 구겨지는 소리 속에
시름으로 세월 꿰던 엄마가 산다
젊은 날 내 엄마가

사모곡

엄마 생각하면
하늘이 너울춤 추고
눈물이 목젖 밀어
콧등에 닿는다

엄만
시작도 끝도 없는 사랑

한 뼘 자란 마음은
욕심만 쌓이고
엄마를 놓쳤다

이기적인 딸은
엄마 미소 끝에 쌓인
행복이란 성 속에 살았는데

초록빛 잔치 속에
계절 돌아

연녹색 물오르는 날

내 엄마는
봄을 잊고 하루를 야윈다

행여
돌아오지 못할 여행
꿈을 꾸시나
멍하니
말씀이 없으시다

삶이란 이런 것인가?

엄마의 기약 없는 고통으로
가슴이 아리다

마음 속 가득한
엄마사랑

반도 헤아리지 못했는데……

이 봄이 너무 아프다

내 엄마를 어찌할거나
내 엄마를 어찌할거나

희망 언저리

첫 이슬 담은 시간이 말없이 흐른다

따스한 햇살 담고
구름도 담고
설레는 사랑도 느끼며
시간이 흐른다.

연둣빛 잎새에
새 봄이 담기고
난
다시 펼쳐질 꿈으로 바쁘다

날리는 옷자락 마다
반짝이는 미지의 세계
휘파람 소리 즐겁다

구겨진 서랍 속 추억도 다시 펴 들고
햇살 뿜어내는 하늘 향해

힘껏 날아 보자

다시 오늘을 살자
새 날에 꿈을 실어 보자

해설

순수 서정의 마음둘레

임승천 (시인)

■ 해설

순수 서정의 마음둘레

임 승 천
(시인)

 김갑숙 시인의 시는 매우 맑다. 2세를 위한 교육현장에서 40여년을 오로지 한 길을 달려온 시인이다. 그래서인지 어린 아이와 같은 맑은 심성이 가득하다. 그리고 그 열정으로 교육현장에서 최선을 다해 왔음을 알고 있다. 이런 여정 속에서 마음둘레 가득 가지고 있었던 시에 대한 감성과 꿈을 오랜 동안 지니고 있으면서 시에 대한 꿈을 키워왔던 시인이다.

 김갑숙의 시집『첫 이슬에 담긴 노을』엔 모두 77편의 시가 실려 있다. 전체 5부로 나누어져 있는데 1부 "그리움, 그 빛깔의 둘레"엔 12편, 2부 "내 영혼의 기도" 12편, 3부 "계절의 향기를 맡으며" 21편, 4부 "아름다운 추억의 발길" 14편, 5부 "내 마음의 바다" 17편이 실려 있다.

  1부에는 시를 쓴 고뇌로부터 잃어버린 시심에 대한 그리움, 아련한 추억에 대한 진한 그리움의 시편들이다. 그 그리움의 보편성은 시작체험의 근본이다. 그 그리움은 대상이 무엇인가에 따라 시세계가 달라진다. 김갑숙 시인에 있어 그리움은 다양하다. 그 그리움은 '시작여정의 고뇌', '잃어버린 시심', '추억의 그리움'과 함께 내면세계의 확장과 깊이에 닿아 있다. 그 연장선 위에 '온후한 사랑', '종교적 사랑'과도 연관된다. 이렇게 김갑숙 시인의 그리움의 궁극적 세계는 '사랑'이다. 가끔 인간적 그리움도 나타난다. 잊은 듯 다시 생각나 못내 잊혀지지 않는 그리움 때문에 잿빛 수묵화 속에 빠져들기도 하는 것이다.

    빗살 지워 내리는 안개 너머
    햇살 닮은 손길 하나.

    이제는
    온후한
    사랑으로 살고 싶다.

―「그리움·3」 6~7연

잠시
난
비틀거리는 걸인 되어
흩날리는 꽃 이파리의
생애를 배운다

못다 채운 빈 공간에
사랑 가득 담아
그 속에서
따뜻하게 잠들고 싶다

―「그리움·7」 4~5연

작품「그리움·3」에서는 종교적 색깔이 가득한 사랑에 대한 그리움을 노래하고 있다. '햇살 닮은 손길 하나'를 느끼며 온후한 사랑으로 살고 싶은 마음을 노래하고 있다. 물론 다른 시편에서 그리움은 1부의 제목처럼 다양한 그리움의 모습으로 형상화 되어 있다. 사랑과 그리움의 근원적 바람이 종교적인 것으로 확대되면서 그 감성의 언저리에 도사린 순수 서정의 모습이 표현되어 있다. 작품「그리움·5 ― 잔설이야기」를 통해 고독 속엔 앓았던 그리움의 생성과정이 시 한 편에 닿아 녹아 있다. 엇갈림 속에서 바라보기만 했던 안타까움 자체가 그리움이란 실체로 다가서서 잔설처럼 남아 있음을 볼 수 있다.

    고즈넉한 저녁
    나의 빈 공간에 침묵이 있을 때
    그는 나와 한 마음

    허공만 맴돌다
    사라지려는 여운을
    내 가슴까지
    이어보고 싶음이어

    그는 나의 울타리를 벗어나고
    나는 그를 위해 내어줄
    한 뼘 조각 마음도 없이
    고독한 매듭뿐

    소리로도 전할 수 없고
    마음으론 더욱 어려운
    우리의 인연

엇갈림 속에서만 자란
　　잔설 이야기가 되려나
　　　　　　　—「그리움·5 —잔설 이야기」 전문

　채색된 그리움, 주소 없는 편지처럼 빈 마음 가득한 곳으로 잿빛 수묵화로 빠져들게 한다. 안개 같은 막막함, 한 뼘 여유 없는 목마름으로 한없이 추워지는 그리움이다. 그 그리움이 보고 싶은 마음 때문에 하루가 가고 시간은 흐르고 만다. 그리하여 채워지지 않는 높은 잔에 그 그리움을 가득 채우는 것이다. 이는 마음속에 늘 간직한 그리움의 실체이다.

　　잊은 듯하다
　　다시 생각나는
　　못내 잊히지 않는

　　그리움 한 올로 엮어 만든
　　엽서 한 장

　　주소 없는 편지
　　서러움만큼이나 빈 마음
　　마른 가지에 걸려 서걱대고

나는 쉴 곳 잃어
잿빛 수묵화의 안개 속으로
빠져 든다

거친 바람 거친 거리
나를 위해 내어줄
한 뼘의 여유도 목말라

한없이
한없이 추워집니다
　　　　　　　　―「그리움·8 ―수묵화의 염원」전문

 제 2부 "내 영혼의 기도"의 시편은 풍요로운 마음과 아름다운 사랑이 순수 서정의 바탕위에 그려져 있다. 인간의 내면 신앙의 접점에서 모든 것을 의지하려는 인간적 나약함을 느끼게 해준다. 순수서정 위에 맑은 마음이고 싶은 간절한 소망이 목마른 영혼 속에서 단비 내리길 기다리는 염원처럼 나타나 있다. 영성의 안식처에서 누리는 맑은 영혼, 그 영혼을 가진 새생명으로 태어나려는 간절함이 가득 배어 있다. 사랑, 희망, 온유를 통한 참사랑, 진리를 깨닫고 보는 눈물 같은 시편이나 맑은 마음으

로 종교에 침잠하려는 의도를 시편 곳곳에서 만날 수 있다. 이것은 '영롱한 이슬'이나 '바람' 등의 시어로 표현하고 있다.

    풀섶에 맺힌 이슬처럼
    맑은 나이고 싶다

    차곡차곡
    커지어 쌓은 그리움 조각들
    불사를 그 날을 인내하며

    타는 가슴 안고
    억겁을 견디어 온 바위처럼
                        —「영롱한 이슬」 1~3연

    놓아 버리고 싶던
    삶의 벼랑 끝에서
    이제야
    당신의 온유한
    사랑을 느낍니다

    소복으로 단장한

>   한조각 염원
>   오직
>   당신께 매달려
>   끝없이
>   기도드립니다
>
>   ―「바람」 3~4연

 성모 마리아를 향한 마음에서 온유함을 느낀다. 목마른 영혼과 정서의 맑음 속에서 찾고자 하는 영원한 사랑을 통해 새 생명을 갖고, 참 진리를 찾으려는 고귀한 영혼을 여러 시편에서 만날 수 있다. '당신은 영원한 나의 사랑'이라는 고백을 통하여 '사랑'을 체험하고 맑은 영혼 갖기를 갈구한다. 그리고 참진리 속에서 부활 신앙의 영원성을 만나게 한다.

 사계절의 변화는 우리의 생체리듬과 삶에 큰 영향을 끼친다. 문학적으로 볼 때 사계절은 무한한 소재를 우리에게 제공해 준다. 또한 우리의 감성과 정서에 지대한 영향을 끼친다. 계절은 나름대로의 향기를 뿜어내고 있다. 작품 '봄소식'이나 '도라지'에선 순진무구한 어린이 같은 심성을 만날 수 있다. '물방울 편지', '땅의 귓속말', '작은 손의 새싹' 같은 표현은 김갑숙 시인의 맑고 깨끗

한 감성을 표현한 시어들이다. 특히 작품 「도라지학교」는 이와 같은 감성이 잘 나타나 있는 작품이다.

   자연과 하나 된 인간의 모습 속에서 '사랑의 길'은 하나라는 인간의 근원적 모습을 발견할 수 있다. 아울러 지난 시간을 반추하며 잃어버린 유년의 향기도 그려져 있다.

   김갑숙 시인에게는 계절은 시인의 심성에 그려 있는 수묵화이다. 주로 사 계절 중, 봄은 초등학교 어린이와 비교하여 노래하고 있다. 초여름의 연둣빛 녹음을 김갑숙 시인은 무척 좋아한다. 이는 문인화와 수묵화에 대한 관심과 밀접한 연관 관계를 가진다. 마치 그림을 그리듯 한 편의 시를 완성해 간다. 자연과 하나 되는 모습을 김갑숙 시인의 여름 시편에서 자주 만날 수 있다.

   3부의 시를 통해 객관적 정경과 거기에 있는 사물을 통해 자연 속 사물을 객관적으로 바라보며 쉼이나 위로, 정서를 표현하고 있다. 그것은 한 편의 그림을 완성하는 것과 같이 시를 완성해 간다. 삶과 정서의 투명함 속에서의 몸부림은 새롭게 태어나려는 시인의 몸짓이다. 그 몸짓에서 시의 완성도를 높이며 깊이 속에 빠지게 한다.

   숲 냄새에 빠져

숲속에 생각을 던지고
함께 어우러진 마음이
노래되어 흐르는 때

우리의 마음도 우리의 사랑도
숲속에 난 외길 따라
하나가 된다
—「산길」 4~5연

한나절 나른함에
풀벌레 소리 묻히고
계곡엔 고요가 가득 찬다

난
한 순간
산과 하나가 된다
—「뻐꾸기 둥지」 4~5연

 김갑숙 시인의 자연 노래 시편에서 자연 속에 살아가는 순수한 마음이 마음둘레 가득 배어있다. 그 속에서 찾는 휴식은 무척 달콤하다. 자신을 바라보고 찾는 모습에서 자연은 배경의 역할을 톡톡히 해 주고 있는 것이다.

그의 감각적 표현도 '저녁노을 비껴간 흔적', '햇살이 던져 놓은 / 은빛 해싸라기'라는 표현은 아주 참신하다. 자연을 한가롭게 보고 느낀 마음과 자연과 하나 된 마음이 시편 속에 오롯이 담겨 있는 것이다. 이처럼 자연을 통해 휴식하는 마음의 여유도 시편 곳곳에서 만날 수 있다.

> 빠알간 연지 바른
> 목 백일홍 가지 끝에
> 하늘이 걸터 앉는다
>
> 꽃밭 한 켠 수국이
> 수줍게 미소 지으면
> 모두 하나 되이
> 하늘 마주하고 더위를 식힌다
>
> ―「오수」 3~4연

김갑숙 시인의 삶은 '인생의 가을' 쯤이다. 유달리 가을 시편이 많은 이유이다. 아름다운 가을의 빛깔을 닮고 싶다는 시인의 눈에는 가을이 한 계절을 접기 위해 준비하는 것처럼 김갑숙 시인에게도 삶 중 대부분을 차지했던 교직경험을 이제 접을 시기임을 밝히고 있다. 가을 빛깔을 닮고 싶은 순수함도 많이 만날 수 있다. 늦가을 누런 들판을 보며 따뜻한 몸짓이 그리워지기도 하고 풍요로운 들판을 보며 가을 속에 빠지고 싶은 유혹을 노래하기도 한다. 억새를 보며 슬픔의 정한과 그리움의 한 사람을 생각하는 지극한 인간적 면모까지 보여주고 있다. 계절의 접음은 지난 시간을 아름답게 보고 물들이는 것으로 시인은 보고 있다. 이는 그의 수묵화적 발상을 시에 적용한 결과이다. 이런 표현들이 시 형상화 작업에서 김갑숙 시인만이 가질 수 있는 독창적 시세계이다. 따라서 젊음도 한때일 뿐이라는 인식이 시에 표현되어 있는 것이다. 이 표현을 통해 종교적 심화로 확대 되고 맑은 새 영혼으로 다시 태어나고자 다짐한다. 이것이 자연과의 교감과 조화를 통한 다시 태어남에 대한 인식이다. 가을을 인생의 가을을 보내고 있는 시인 자신의 정감으로 녹여내고 있다. 이 과정에서 슬픔이나 체념의 정서도 함께 드러낸다. 작품 「별리」를 통해서 가을이 알리는 이별의 모습을 표현하고, '첫눈'을 통해서는 슬픔과 생채기를 덮어주는 따뜻함을 표현한다. 이별의 모습을 통해 '뒤따라온 발자국' 사이로 체념을 인식하고 가을의 계절적 인식과 이별의 절묘한 일치가 시의 정감을 더욱 강하게 느끼게 해준다.

    가을이 이별을 알리고
    겨울을 맞는 날

숲은 깊은 산의 무게로
온 몸을 채운다

시간 속에 쪼개 넣은 여유로
마음은 유영을 시작하고

눈앞에 떨어지는 낙엽 하나
배꼽 내민 생각
계곡 속에 빠진다

조용한 오솔길
낙엽 내음 한가로운데

뒤따라 온 발자국 사이로
체념이 밟힌다
소리도 없이
가을이 이별을 알리고 있다

―「별리」 전문

이렇듯 사계절에서 느끼는 개인적 감성과 정서는 삶의 모든 것을 잊지 않으려는 그 순수와 서정 속에서 변모하는 '생각의 덩어리'를 통째로 드러내 주고 있다.

작품 「염원」에서 보이는 것은 자연과 교감하는 서정의 자유함이다. '유월의 뜨거움'을 타오르는 아픔으로 느낀다. 이 아픔을 느끼는 순간 외로운 낮달이 보인다. 이 외로움은 김갑숙 시인의 내면의식이다. 그 다음 순간 하늘을 본다. 그 하늘을 보며 바람같이 무한히 가고 싶은 마음을 그린다. 이것은 시인이 갖고 싶은 자유이다. '슬퍼 보이는 내면'이 자체를 삶으로 인식하고 있는 시가 작품 「첫눈」이다. 눈꽃의 아름다움 속에서 계절과 삶을 인식하고 내면적 정서로까지 확대함은 김갑숙 시인의 맑은 심성과 순수 서정의 마음둘레에 그 맥이 닿아 있다.

> 삭정이 끝에 매달린
> 햇살조각 하나가
> 청보라 이끼 덮고 누운
> 산 그림자보다
> 더 슬퍼 보입니다
>
> 이것이 삶입니다
> ―「첫눈」 4~5연

추억은 아름다운 것이다. 지난 시간의 길을 따라 가보면 수많은 여행지에서 느낀 감정들을 시 속에 잘 용해시

키고 있다. 김갑숙 시인의 여행 시편에서 느끼는 정서는 기다림과 바라봄이다. 이 기다림과 바라봄은 시인의 삶이며 삶의 연륜으로 인식되는 정서이다. 단지 정경만을 노래하는 것이 아닌. 객관적 바탕위에 그려진 한 편의 서정이다. 일출을 보며 지난 시간의 이야기를 들려주기도 하고 위엄 있는 해를 통해 다시 시작함을 발견하기도 한다. 해는 살아감의 열정이고 존재이며 시작이다. 이러한 인식과 발견은 가슴의 뜨거움이고 환희인 것이다.

> 순간
> 찬바람에 몌 감은 발끝에 올라
> 온몸 휘감으며
> 나를 빨아들입니다
>
> 전신에 환희가 밀려옵니다
> 가슴이 뜨거워집니다
>
> 동그란 알몸으로
> 눈빛 마주 받으며
> 지난 밤
> 바다 저 편 이야기를 들려줍니다
> ―「예송리 일출 · 2」 3~5연

일몰을 통해서는 채색하는 저녁과 사그라지는 모습에서 침잠하기도 하고 내일이 있음을 깨닫기도 한다. 이것은 우리의 일생 중 모든 것을 정리해야 하는 시간적 삶과도 연관되어 있다. 자연의 아름다움 속에서 발견한 삶과의 연관성이 마음속에 뚜렷하게 자리 잡고 있음을 확인할 수 있다. 막연히 정경만을 노래하는 것이 아닌 서정적 감동이 하나 둘 모습을 드러내고 있다.

> 스믈스믈 땅거미 내리기 시작하는
> 땅끝에 서서
>
> 여운만 남은 해의 형상 잡고
> 때늦은 후회에 빠져 들다가
>
> 포구로 되돌아 펼쳐지는
> 갈매기 떼 군무 보며
> 새롭게 시작 될
> 내일이 있음을 깨닫는다
>
> 이것이 삶이다
> 이것이 연륜이다
>
> ―「보길도 일몰·2」 5~8연

5부 "내 마음의 바다"의 시편들은 '순수와 아침', '사랑과 희망'의 시편이다. 또한 고향 아침을 노래하며 일상의 따스함도 느낀다. 김갑숙 시인은 고뇌하며 사랑을 얻고 사물의 고뇌함의 흔적을 본다. '나목'으로 긴긴밤을 맞이할 때는 고적함 속에서 이루어지지 않은 염원을 생각한다. 또한 절대자의 '사랑의 향기'를 맡으며 '향기 나는 들꽃'이 되고 싶기도 하고 '솔향기 나는 여인'이라고 인식하기도 한다.

김갑숙 시인은 5부의 시편에서 고뇌 아래 얻은 사랑을 노래하기도 하고, 대가 없는 사랑을 노래한다. 어머니 생각을 통해 그 사랑을 가득 녹여내며 어머니의 고통이 나의 고통이 된다. 작품 「잊혀진 마음」에선 대가 없는 사랑을 밀도 있게 보여주고 있다.

> 도도한 자세로
> 진실 함께 태워도
>
> 우린 생채기만 쓰린
> 말을 잃은 영혼들
> 훗날
> 바람 머뭇거리는
> 비인 거리에서

가슴 가득 사랑을 안고
짧은 듯 기인
해후의 시간을 맞자

우리 둘이서

―「고뇌・1」 4~8연

비좁은 바위에 몸 맡기고
미동도 없이
저리도 슬픈 모습 되었는가

지워지지 않는
나의 고뇌
저 해송보다
더하지도
덜하지도 않구나

―「고뇌・2」 3~4연

「상념・1」의 작품은 그대를 그리는 모습을 잘 표현한 아름다운 시이다. '갯벌'을 보며 끈끈한 삶의 흔적을 느끼기도 하고 채석강 단애의 아름다움에 취하기도 한다.

작품 「자화상」에선 스스로를 '향기 나는 들꽃', '솔향기 나는 여인'으로 규정한다. 자연 속 사물을 통해 하나의 존재감만 드러내는 것이 아니라 향기 나는 존재로 살고 싶은 강한 욕망의 발로다. 김갑숙 시인의 삶도 시와 같이 조용히 향기 나는 삶을 살고 싶은 내면적 욕망에 닿아 있다. 밝은 이미지를 통해 진한 내면적 그리움도 드러내고 있다. 김갑숙 시인에게 있어 깊은 내면적 인식은 그리움이나 기다림 속에서 찾는 자연의 아름다움의 발견이다. 이 아름다움의 발견이야말로 자신의 발견과도 일맥상통한다. 자연 속에 빠져드는 모습에서 순수 서정의 마음둘레에 청순함을 더하는 역할을 한다. 또한 자연과의 동일시를 통해 슬픔과 고뇌를 느끼며 사물과 같은 존재임을 노래하기도 한다.

>*끈끈한 삶의 흔적들이*
>숨 쉬고 있는 갯벌
>
>단풍 든 산자락과 함께
>하루 여미는 수평선과 마주 섰다
>
>포구 따라 둘러 선
>단애斷崖의 세월 깊은 아름다움에 취해

어둠 내리는 바다 보며
파도의 이야기 듣는다

         —「상념 · 1」 1~4연

당신에게서는
따사로운 사랑의 향기가 납니다

여린 듯 강인하고
강인한 듯 여린
당신은
하늘 닮은 그리움입니다

빈 가슴에 그리움 채우고
깊은 입맞춤에
눈물 떨구는

당신은
없는 듯 향기 나는
들녘의 풀꽃입니다

         —「자화상 · 1」 전문

언제나

숨어서 향기롭고

멀어서 그리운

솔향기 나는 여인입니다

—「자화상·2」1연

    김갑숙 시인의 시집 『첫 이슬 담은 노을』의 시편들은 순수 서정의 바탕위에서 맑고 고운 심성을 잘 표현하고 있다. 이 순수는 김갑숙 시인의 시를 이루는 기본 바탕이며 내면의 시세계를 그려준 수묵화이다. 시 전편에 흐르는 일관된 시적 감성은 종교적 심연까지 들여다 보게 하는 투명함이 있다. 시인은 이 시편을 통해 '사랑'의 정서를 인간적 면모의 사랑부터 종교적 내면 세계의 사랑까지 이어가고 있다. 시인이 지금까지 살아온 삶에서 '노을'이나 '가을'의 시간적 정서쯤 도달해 있다. 시인은 마지막으로 '노을'이나 '가을'처럼 아름답게 삶을 마무리하고 싶어 한다. 그것이 궁극적으로 '성모마리아의 사랑'처럼 '사랑의 실천'에 있다. 맑고 고운 심성과 영혼 속에서 더 아름다운 시편들이 탄생할 것이다. 순수 서정의 마음둘레에 좀더 참신한 시적 표현과 시세계의 깊이가 더해가는 아름다운 시편을 기대해 본다.

김갑숙 시인의 시집 출간을 축하하며 '순수 서정의 마음둘레'에 핀 아름다운 시의 꽃을 늘 보고 싶다.